La Herencia

Más Allá de la Vida

Maestro
Rolando Armando Payán Rentería

© Copyright by Rolando Armando Payán Rentería
ISBN: 9798346180753
Sello: independently published

Agradecimientos:

Dedico este libro a mis hijos Alejandro y Tannia.
A mi esposa de toda una vida, Yolanda.
A mis padres, Jesús y Francisca. Un abrazo hasta el Cielo.
A mis hermanos, con dedicatoria especial para Rodolfo
A mis profesores investigadores del Instituto Tecnológico Agropecuario de Durango y de la Universidad de Guadalajara.
A mis amigos que también forman parte de mi vida
Especial dedicatoria a Leticia, mi amiga de infancia por todo su apoyo recibido.

ÍNDICE	PÁGINA
Introducción	9
Capítulo I. Libertad	13
Capítulo II. Renacer	40
Capítulo III. Mensajes	51
Piedra Filosofal	62
Capítulo IV. Casos de Sanaciones	69
Caso 1. Adicciones	70
Caso 2. Depresión Crónica e Inseguridad	73
Caso 3. Tristeza y Llanto	75
Caso 4. Violencia de Género	77
Datos de contacto	80

INTRODUCCIÓN DEL EDITOR

Por Rolando A. Payán Rentería
EDITOR

El libro La Herencia Más Allá de la Vida, describe la historia de vida del autor, iniciando desde temprana edad, donde se narra el incidente con un gallo que se encontraba en el corral de la casa. Después del incidente, en varias ocasiones me hacía preguntas frente a un espejo, ¿Quién soy Yo?, ¿Cuál es mi Misión en la Tierra?, ¿A qué he venido a este mundo?, sin tener respuesta.

En el libro La Herencia Más Allá de la Vida se narra que para una Navidad un hermano me regaló una enciclopedia ilustrada. Al estar la revisando, fijé mi vista en un sitio en Alemania que colinda con el

Mar Báltico, el lugar es Rostock. Algo me llamó la atención de ese lugar. Años más tarde, ya en edad adulta, unos Maestros Espirituales me otorgaron el grado de Doctor Honoris Causa. Al hacérmelo saber de inmediato pensé que se trataría en un área relacionada con Medio Ambiente o Agricultura, que son de mi competencia profesional. Sin embargo, me sorprendí cuando estaba en el área de la Psicología, por lo que recibí esa honorable distinción como una Herencia Más Allá de la Vida. En la Universidad de Rostock.

Derivado del incidente del Gallo narrado en la Herencia Más Allá de la Vida, al tiempo me puse a investigar sobre cuál sería el mensaje. Encontrando que el gallo ha tenido diferentes significados espirituales en las distintas religiones a lo largo de la historia.

Después de terminar la Educación Primaria en Durango, me fui a estudiar la Secundaria a la

Ciudad de México a invitación de un hermano, siendo ahí donde mis compañeros hicieron aflorar mis habilidades de gestor y mensajero a fin de intervenir en diversos asuntos de tipo estudiantil.

En el transcurso de mi vida he recibido varios mensajes como Herencia Más Allá de la Vida, entre los que destacan un maestro que me llevaba el mensaje de " HERITAGE, HERITAGE" en referencia a algún tipo de herencia o legado. Importante comentar que en base a este mensaje es el título de este libro. De igual forma, Buda, que con urgencia me decía que le pidiera dos deseos pidiendo ¡ Salud y Sabiduría!.

La aparición de David me hizo poner a investigar formas para su invocación logrando poder contactarme siguiendo sus instrucciones, además de otorgar el poder para ayudar a las personas a sanar, como una Herencia Más Allá de la Vida. De la misma forma, con Paracelso, considerado el "Padre de la Toxicología" para el destilado de plantas con fines terapéuticos y con Nicolás Flamel para el poder de la Piedra Filosofal.

Con Tutankamón he tenido contacto gracias a la historia de una máscara que adquirí en el bazar del "Judío" en la zona centro de Guadalajara, la que luego regalé al "Reno", -apodo de una persona que me apoya en las invocaciones con seres divinos-. Y así es como he podido tener contacto con Tutankamón al que le he pedido nos apoye en la búsqueda de tesoros ocultos para beneficio de la población en estado vulnerable. Lo anterior como Herencia Más allá de la Vida.

Capítulo I.

Libertad

Voy a iniciar a hacer una historia de mi vida desde la infancia. Nací en Durango, Dgo., México, en el año de 1959. Durango, un estado que se encuentra al Norte de la República Mexicana. La Ciudad de Durango, capital del Estado, es un lugar colonial donde se respira mucha tranquilidad, muy parecido a la zona norte de España y cuna del primer Presidente de México, además de grandes artistas de la música, poesía, teatro, cine, escritores y también de grandes revolucionarios. En mi familia de origen fuimos 11 hermanos y yo. De hecho yo soy el anterior al chico, esto es de los más chicos. Un evento que sin pensarlo marcó mi vida siendo muy pequeño, recuerdo estaba acompañando a mi madre en el área del lavadero. La costumbre era lavar y salir a tender la ropa al área del corral que era un espacio que las casas de la época utilizaban con fines de sostenibilidad; las familias utilizaban esa área de las casas para tener algunos animales y aprovechar en su alimentación los productos alimenticios derivados de los mismos. En el caso de mi madre tenía gallinas y un gallo de pelea. Al salir mi madre con la ropa para tender en el corral salí tras de ella y el gallo al verme se me fue encima con gran violencia como si se tratara de una pelea entre gallos, me tiró al piso y para mí a esa edad fué un evento bastante traumático, mi madre al ver el acontecimiento espantó al gallo y me dió la mano para levantarme, sin duda para ella fué un evento sin importancia, sin embargo para mí, considero, trajo consecuencias que marcarían mi vida dado que después empecé a tartamudear y a tener cambios en mí vida emocional. Recuerdo que después del incidente con cierta frecuencia me paraba y me quedaba viendo fijamente frente al espejo de un ropero; apenas alcanzaba a verme el rostro, y por supuesto sin que nadie me estuviera observando, y me hacía preguntas, tales como: ¿Quién Soy Yo?, Cuál es mi Misión en la Tierra?, ¿A Qué Vine a este Mundo? tratando de encontrar respuestas pero es de sobra decirles que por supuesto no tenía ninguna respuesta a todas esas preguntas que me hacía; después del cuestionamiento sentía una especie de paz interior y eso me hacía sentir bien.

Después investigué qué significado podría tener el incidente del gallo el cual detallo a continuación:

El gallo es un símbolo que ha perdurado a lo largo de la historia y que se asocia con la protección del linaje y la perpetuación de la especie. El gallo es símbolo de la atención, valor, virilidad, presencia, confiabilidad, símbolo de la resurrección solar y espiritual, así como, heraldo del alba. Para poder conocer el significado del término heraldo, es interesante comenzar descubriendo su origen etimológico. En este caso, hay que subrayar que se trata de una palabra que deriva del francés, concretamente de "heraut", que puede traducirse como "emisario" o incluso mensajero.

En tiempos bíblicos, un heraldo era un representante del rey. Cuando el rey tenía información vital que comunicar a sus súbditos, no convocaba una conferencia de prensa ni publicaba algo en el sitio web real. En cambio, enviaba a su heraldo a entregar un mensaje a su pueblo, este papel conlleva una gran responsabilidad.

El gallo tiene varios significados y simbolismos entre ellos:

En el cristianismo, el gallo es un símbolo de la resurrección, la luz y la vuelta de Cristo en el Juicio Final. Estos símbolos están asociados con él, incluyendo el pez, la paloma, el cordero y por supuesto la cruz. Un símbolo antiguo que se encuentra en muchas cimas de las iglesias en Europa es el gallo. Varias iglesias dan diversas explicaciones para la incorporación del gallo como un símbolo del cristianismo. Las representaciones de gallos se encuentran en las catacumbas romanas y en las tumbas o sarcófagos de los cristianos. En otros lugares también, las veletas que presentan gallos se encuentran en iglesias antiguas en Alemania, Escocia, Noruega, los Países Bajos y otros países.

En la cultura, el gallo está asociado con el amanecer, el sol y la iluminación.

Para los musulmanes, el gallo tiene un simbolismo significativo en varias formas:

1. **Llamada a la oración**: El canto del gallo al amanecer se asocia con la primera oración del día (Fajr). Esto resalta su papel como un recordatorio natural para cumplir con los deberes religiosos.
2. **Visión de ángeles**: Según algunos hadices, se dice que el gallo canta cuando ve un ángel,

lo que le otorga un significado de pureza y conexión con lo divino.

3. **Protección espiritual**: En ciertas tradiciones, se cree que el canto del gallo tiene la capacidad de ahuyentar a los malos espíritus, proporcionando así una sensación de protección.

Estos elementos hacen que el gallo sea considerado un símbolo de devoción, pureza y protección en la tradición islámica.

Todo lo anterior fué lo que pude investigar sobre el posible significado del gallo.

Independientemente de haber sido el onceavo hijo dentro de mi familia, contaba con el amor y cariño de mis padres, mi madre era una mujer de piel blanca y ojos azules, muy enérgica, se dedicaba al hogar; en tanto mi padre era moreno de ojos cafés y se dedicaba a la agricultura y ganadería, nuestra situación económica era precaria porque mi padre le tenía mucho aprecio a su ganado que difícilmente quería deshacerse de algunos animales para su venta y la obtención de recursos.

En mi familia dada la genética de mis padres 6 hermanos fueron gueros con ojos de color y 6 morenos con ojos cafés, yo fuí de los morenos, quizá el más moreno de todos; mis hermanos mas chicos me decían el "Prieto", nunca supe si era de cariño o de desprecio ya que contaba con el aprecio de mi padre que por cierto me decía "Mi Chulo".

Al ingresar a la escuela primaria No. 11 Lorenzo Rojas en Durango lo hice de una manera atípica, ya que después del incidente del gallo empecé a tener problemas con la expresión y eso para mí era un gran obstáculo y hasta vergonzoso; una gran limitante de hecho creo que siempre estuve deprimido. Me dedicaba a estudiar "duro" ya que casi siempre estaba en los cuadros de honor, al no poder expresarme con libertad desarrollé otras habilidades tales como el estudio, la observación, la escritura, el escuchar a los demás, practicar el bien y sobre todo en gran sentido de humanismo.

La filosofía de "bien ser, bien hacer, bien estar y bien tener" es una evolución moderna que integra varias tradiciones filosóficas, éticas y psicológicas. Este enfoque se basa en la idea de que una vida plena y satisfactoria se alcanza mediante el desarrollo integral de la persona en todos estos aspectos. Aquí, algunos de sus orígenes e influencias:

1. **Ética Aristotélica**: Aristóteles promovía la idea de la "eudaimonia" o el florecimiento humano, lograda a través del desarrollo de virtudes (bien ser) y la realización de acciones virtuosas (bien hacer), lo cual lleva a una vida plena y satisfactoria (bien estar y bien tener).
2. **Humanismo Renacentista**: Este movimiento enfatiza la dignidad y el valor del ser humano, así como la importancia de

la educación y el desarrollo personal. Aquí se integran el bien ser y el bien estar a través del conocimiento y la autorrealización.

3. **Filosofía del Deber de Kant**: Immanuel Kant enfatiza la buena voluntad y el actuar conforme a principios morales (bien hacer) como esenciales para una vida ética.

4. **Psicología Positiva**: La psicología positiva, liderada por Martin Seligman y otros, se centra en el bienestar y el florecimiento humano. Este enfoque integra el desarrollo personal (bien ser), el comportamiento positivo (bien hacer) y la satisfacción con la vida (bien estar y bien tener).

5. **Espiritualidad Oriental**: Tradiciones como el budismo y el hinduismo también subrayan la importancia del desarrollo personal y la realización de acciones correctas como caminos hacia una vida plena y satisfactoria.

6. **Maslow y la Pirámide de Necesidades**: La teoría de Abraham Maslow sobre la jerarquía

de necesidades humanas propone que para alcanzar la autorrealización (bien ser), primero deben satisfacerse las necesidades básicas, de seguridad y de pertenencia (bien estar y bien tener).

Estos diversos enfoques y tradiciones se han combinado para formar una filosofía contemporánea que busca proporcionar una guía integral para una vida equilibrada y significativa, abarcando el ser, el hacer, el estar y el tener.

Respecto al humanismo es un movimiento intelectual y cultural que surgió en Europa durante el Renacimiento, aproximadamente en el siglo XIV. Se centra en el valor y la agencia de los seres humanos, poniendo énfasis en la educación, el arte, la literatura y la ciencia como medios para mejorar la condición humana.

Algunos principios clave del humanismo incluyen:

- **Valoración del individuo:** El humanismo destaca la importancia y el potencial del individuo.

Vinculado con las anteriores expresiones, al no poder expresarme con libertad practicaba mucho el pensamiento y el razonamiento basado en la justicia y la equidad.

Todos los compañeros en la Primaria me respetaban por nivel de conocimientos y el "bullying" en ese tiempo no se hacía presente. Por las tardes a veces jugaba con algunos amigos del barrio pero por lo general me iba a nadar al Centro de Seguridad Social del IMSS, nadando me sentía bien porque no tenía que interactuar con nadie y me daba espacio para pensar en lo que quería, después de nadar me pasaba a la biblioteca para hacer tareas, había una bibliotecaria con una gran paciencia que nos instruía en la bellas artes. Ya en la tarde noche regresaba a casa, cenaba, a dormir y al siguiente día igual.

Un día para la festividad del Día de las Madres se acostumbraba hacer un festival para la celebración y el Profesor de Canto organizó una declamación llamada el "Brindis del Bohemio" e invitó a tres compañeros entre ellos a mí, yo me sentía muy emocionado de estar ahí y declamar pero tuve que declinar por la gran inseguridad que sentía de hablar en público, eso me hizo sentir muy triste pero no lo platicaba con nadie y me dedicaba a nadar y olvidar, llegó el festival acompañé a mi madre y después de salir los compañeros a declamar, la lágrimas empezaron a correr sobre mis ojos y no pude contener el llanto; me preguntaba porque me pasa ésto?, porque?, hasta cuando voy a poder expresarme correctamente?, me dolió mucho!.

Siempre tuve el apoyo de mis hermanos, recuerdo que para una Navidad mi hermano Jesús me preguntó qué quería de regalo, le dije que tenía ganas de una bicicleta y me la regaló, era una bicicleta color rojo, al recibirla me puse muy contento y disfrutaba mucho, sin embargo el gusto duró poco tiempo ya que en enero, un mes después de recibirla, uno de mis hermanos tenía una deuda que no había pagado y llegaron los abogados y embargaron mi bicicleta. Importante comentar que de igual manera un año antes mi hermano José que vivía en Ciudad de México nos preguntó a los hermanos más chicos y a mí que qué queríamos de regalo para una Navidad; yo le pedí una enciclopedia ilustrada, recuerdo que cuando los abogados llegaron a embargar mi bicicleta, salí corriendo con la enciclopedia en mano para que no se la fueran a llevar también. Disfrutaba leyendo y observando a tal grado que la materia de Geografía siempre la pasaba con buenas notas. Había un sitio que me llamaba mucho la atención, era un lugar que se llamaba Rostock a orillas del Mar Báltico en Alemania. La enciclopedia todavía la conservo aunque en mal estado ya que la tenía guardada en el baúl de los recuerdos y en una lluvia fuerte en Casa Guadalajara se inundó el sótano y también el baúl.

Para las Olimpiadas de 1968 mi hermano José nos compró una TV en blanco y negro para ver las Olimpiadas y tuvo la misma suerte, también la embargaron. Las emociones me invadieron y ya no quise ver las Olimpiadas, en la Escuela durante esos días la tarea era hacer notas de los eventos deportivos que nos parecían más importantes, le solicitaba a mi hermana Elia que al llegar de su trabajo me narrara que es lo que había visto para de esta manera cumplir con la tarea. Ese hecho borró en mí las ganas y el interés de ver TV, actualmente no la veo, sin embargo sí me gustaría escribir algunos historiales para Netflix y hacer cine.

Al terminar la Primaria mi hermano Rodolfo que vivía en la Ciudad de México estudiando y trabajando en el Instituto Politécnico Nacional (IPN), me invitó para hacer la Secundaria en la Ciudad de México, aceptando su invitación y fué de esa manera que a la semana siguiente estaba en la Ciudad de México. Al llegar, recuerdo, era fin de semana, Rodolfo me llevó en camión a conocer la Secundaria y me dió instrucciones para que al siguiente día fuera a inscribirme y dijo si te preguntan por tus padres, diles que no viven aquí, que viven en Durango y si te preguntan por tu tutor diles que está trabajando, que no puede venir, toda vez que se usaba o se usa que el alumno debe de ir acompañado por alguno de sus padres o tutor para proceder con la inscripción.

Al siguiente día, que era lunes, salí a tomar el camión aprox. a las 2 pm. ya que iría al turno vespertino, sin embargo tomé un camión de ruta equivocada y nunca llegué a la Secundaria, no me bajaba del camión y de esta manera eran las 12 de la noche, estaba en la terminal de los camiones a la salida de la carretera a Puebla; perdí la noción del tiempo. Ya en la terminal los demás pasajeros se bajaron y yo me quedé arriba hasta que el operador me preguntó que a dónde iba, le dije que a la Secundaria a inscribirme que acababa de llegar de Durango y que vivía con mi hermano y me preguntó por dónde vivía, le dije por el Casco de Santo Tomás, sólo se rascó la cabeza y me preguntó qué pensaba hacer?, le dije esperar aquí en la terminal a que salgo el primer camión por la mañana para regresar, enseguida dijo que me subiera a su auto que me iba a dar un "right", le agradecí pero realmente me llevó hasta la casa de Santo Tomás, durante el trayecto me iba platicando que tenía un hijo de la misma edad pero ya no quería seguir estudiando y que lo que hacía por mi era por las ganas de seguir adelante, también me invitó a cenar unos taquitos!.

Al día siguiente fuí a la Secundaria, pero como el día de inscripción ya había pasado no me quisieron inscribir. Les pregunté cuál era la solución para poder quedar inscrito, les platiqué que era de Durango y que apenas un día antes había llegado y que me había perdido. Me recomendaron fuera a platicar con el Subdirector, ya tenía todas las respuestas que en forma previa me había pasado Rodolfo, platiqué con el Subdirector, expuse la causa, contesté preguntas y me inscribieron, fué así como quedé inscrito. La Secundaria se ubicaba en la Calzada Azcapotzalco la Villa en la Delegación Azcapotzalco muy cerca de la Voca 8 del IPN, era el tiempo donde algunos grupos estudiantiles llamados "porros" se dedicaban a escandalizar y a hacer desmanes; la Secundaria no era la excepción ya que con frecuencia llegaban, interrumpían clases y golpeaban a los estudiantes. En la Secundaria ya había un grupo de respuesta al ataque que hacía frente a represalias de los porros, siendo para mí algo nuevo que no dejaba de sorprenderme. Al inicio de las clases el profesor de matemáticas nos dijo que debíamos organizarnos para nombrar a un jefe de grupo, los compañeros me eligieron, entonces hubo negociaciones, ésto es, ellos me protegen de los ataques de los porros y yo a la vez apoyaría con la gestión con los diferentes maestros para que nadie reprobara.

Una vez, íbamos un grupo de estudiantes de la estación de camiones a la Secundaria, y de repente se paró una patrulla de policía de la Delegación y nos levantó, mi corazón estaba que se me salía de la impresión, los compañeros me decían, tranquilo!, era la primera vez que pisaba los separos de una Delegación como detenido. Los compañeros hicieron algo que me llamó la atención, platicaron con los guardias y dijeron que ellos sí eran responsables de los atracos a diversos camiones de productos (tales como bebidas Pascual Boing, Marinela, Sabritas, etc.), los cuales repartían a los estudiantes como propaganda en tiempo de elecciones estudiantiles, pero que yo no, entonces solicitaban me dejaran en libertad, los guardias fueron a consultar y de esa forma me dejaron libre, antes de salir me dieron instrucciones de lo que debía hacer. Me dieron instrucciones para que fuera a platicar con el Director Jurídico de la Delegación que era nuestro profesor de Civismo para que los dejara libres. Al día siguiente me presenté en la Delegación, pregunté dónde estaba la oficina del Director Jurídico. El abogado era un tipo moreno, alto, voluminoso y con cara de pocos amigos, nada amable; al estarlo buscando me identificó y pegó un grito preguntando qué quería?, al pasar a su oficina de inmediato me dijo que ya sabía a lo que iba, pero me escuchaba; le platiqué de la situación y me comentó que en la vida nada era gratis, que él iba a acceder a soltar a los compañeros a cambio de que yo me comprometa a hacerlos que pasaran la asignatura que él nos estaba impartiendo, además de no estar "atracando" camiones con productos en tiempo de elecciones estudiantiles para lo cual de forma improvisa se me salió una risa, de igual manera el abogado sonrió también moviendo su cabeza. Con todo este proceso tuve que convertirme en gestor a cambio de contar con protección. Recuerdo el nombre de un gran amigo, Héctor, era del grupo de defensa en la Secundaria, su papá tenía una imprenta en la calle Sol de la colonia Guerrero y hacía trabajos al IPN, todos los viernes me invitaba Héctor para visitar a su papá. Gracias a él conocí varios lugares en CDMX, restaurantes, espectáculos, eventos deportivos y demás.

Mi estancia en la Ciudad de México fué muy importante en mi proceso de formación porque me sentía libre y muy confortable.

Un día Rodolfo me preguntó qué quería estudiar le dije que Arquitectura y me contestó que no me lo recomendaba, que esa carrera era para hijos de Arquitectos que ya tenían sus Constructoras, dijo, y tú, ni eres hijo de un Arquitecto y ni tu papá tiene Constructora, entonces no te lo recomiendo, para lo cual deseché esa opción.

Un día, un grupo de compañeros del salón nos invitaron a una fiesta en el rancho de los abuelos de uno de ellos en Tlaxcala, yo fuí, y estando en el rancho al ir cruzando junto con los demás compañeros por enmedio de una parcela de maíz tuve un mensaje que inclusive hasta hice un alto, ese mensaje era que debía tener contacto con la tierra y dedicarme a la Agricultura, a temas relacionados con el desarrollo de cultivos, producción de alimentos, etc., ese mensaje me llamó mucho la atención y seguí ese consejo, por lo que al terminar la Secundaria quise ingresar a la Escuela de Agricultura de Chapingo en Texcoco, Estado de México pero no fuí seleccionado con beca de interno y no pude ingresar. Luego regresé a Durango, mi tierra natal, e ingresé al CBTA 3 donde salí como Técnico Agrícola, luego continué con la Agronomía y la Ingeniería Agrícola.

Al regresar a Durango acompañaba con frecuencia a mi padre para apoyar en las actividades del rancho.

Un día mi madre me pidió que las llevara al rancho a ella y a una amiga de ella porque querían hacer pan en un horno que se había construido para tal propósito. El rancho estaba en el casco de una exhacienda que se encontraba en ruinas, había un Cono muy antiguo todavía en buenas condiciones que se utilizaba para almacenar granos y dos cuartos muy amplios que se acondicionaron para dormir.

Ese día que llevé a mi madre y a su amiga tuve un mensaje. Estaba dormido en una cama individual al lado de la puerta de ingreso y escuché que alguien tocó la puerta, me levanté en estado subconsciente característico de los sueños y al abrir la puerta veo a una señora muy elegante vestido de negro tipo francesa pero se le notaba que llevaba prisa, la invité que pasara y se recostó a orillas de la cama, me dijo su nombre "Adelaide", además que ella había habitado la hacienda en tiempo pasado, de repente se paró para salir, hizo un alto en el marco de la puerta, hizo una señal con su mano derecha, dijo que debajo del Trébol había 70 toneles, que los sacara para que me comprara una camioneta blanca y si no los sacaba regresaría; importante comentar que en ese tiempo tenía ganas de una camioneta blanca tipo Cheyene Pick-up. Después se retiró y al amanecer platiqué el sueño con mi madre, luego con mis hermanos y nos dedicamos a buscar por un tiempo tanto el trébol como los toneles pero no los encontramos, al tiempo el rancho se vendió para obtener recursos económicos para atender la vejez de mis padres.

Al terminar Agronomía tuve oportunidad de trabajar en la Secretaría de Agricultura y Recursos Hidráulicos (SARH), en el Municipio de Villa Unión, Durango y continuar con la Ingeniería Agrícola cuyo programa era 2 años después de Agronomía y en turno vespertino.

En Villa Unión conocí a Yolanda que al igual, trabajaba en la SARH y nos casamos. Ya casados, me fuí a la Ciudad de México y viví un tiempo en el departamento de Rodolfo y su esposa, mientras tanto mi esposa se quedó en Durango hasta yo conseguir un empleo, ya que mi plan profesional era conseguir un empleo en una empresa transnacional, en ese tiempo no existían los sistemas electrónicos con los que contamos en tiempos actuales por lo que la búsqueda del empleo en la Ciudad de México, fué prácticamente tocando puertas y preguntando si había alguna vacante como Ingeniero Agrónomo. De esta manera me contacté con Productos de Maíz que era una empresa transnacional dedicada a la molienda de maíz para la obtención de almidones que estaban solicitando un genetista para su departamento de Investigación y Desarrollo de Granos. Estuve colaborando en oficinas corporativas 3 años. Era 1985, se produjo el terremoto en Ciudad de México, mi primer hijo Alejandro nació una semana después y toda la Ciudad era un caos. La empresa dadas las condiciones de territorio tomó la decisión de enviar a Planta Guadalajara la División Industrial a la que pertenecía, y de esta forma llegamos mi familia y yo a Guadalajara. En Productos de Maíz estuve trabajando aproximadamente 10 años tanto en Oficinas Corporativas como en Planta Guadalajara desempeñando diversas posiciones. Después de ese tiempo sentía la necesidad de un cambio pero no sabía de qué, razón por la cual tomé la decisión de irme a Canadá sin ningún propósito solo estar conmigo mismo y que fluyeran las ideas, además de observar y avanzar en mi nivel de inglés. Fué así que observé las prácticas ambientales de ese país y la forma como manejaban sus residuos, luego estudié la normatividad y las prácticas ambientales. A mí regreso a Guadalajara tuve la oportunidad de ingresar a un Diplomado organizado por el World Trade Center para la Certificación de Peritos Ambientales Certificados avalados por la Secretaría de Desarrollo Social (SEDESOL), de esta forma obtuve mis permisos y registros para operar como Consultor Ambiental Certificado e instalé una oficina de Consultoría Ambiental, empezando a colaborar en distintas empresas como Consultor; al tiempo, monté una empresa denominada "RP&C Ambiental, la cual operó por más de 30 años, hasta después de la pandemia del COVID 19, brindando un portafolio de servicios ambientales tanto al sector privado como público; además de participar en la Secretaría de Medio Ambiente del Estado de

Jalisco en la elaboración de la normatividad ambiental.

Durante este tiempo estuve participando activamente en la Cámara de Comercio de Guadalajara como Jefe de la Sección de Manejo de Residuos, Consejero de Medio Ambiente ante la Secretaría de Medio Ambiente de Jalisco, así como miembro del Comité Ejecutivo de la Vicepresidencia de Secciones.

Por parte de las empresas dedicadas al giro de Protección al Ambiente de Jalisco dirigí la Presidencia de la Asociación de Recolectores de Residuos de Jalisco en 2 ocasiones con un gran espíritu de servicio y una gran pasión, todos los días teníamos agenda para hacer gestión en beneficio del gremio, que además de unido siempre hubo una excelente colaboración de los asociados .

En Cámara de Comercio tuve una gran actividad en el fortalecimiento de emprendedores para la formación de sus empresas; una vez alguien me preguntó, cuál era el secreto para que las personas me siguieran? y le respondí, querer a la gente y darle la mano cuando lo necesitan para que se levanten!. De igual manera en una ocasión alguien en Cámara me dijo que yo era como un "Sol".

Capítulo II.

Renacer

En Guadalajara nació mi segunda hija, Tannia, mi vida en Guadalajara se desarrollaba en forma normal, trabajando en la empresa; mi esposa ingresó a la Universidad a estudiar Psicología y saliendo de clases se iba a la empresa a apoyar en el área administrativa, mis hijos estudiando y creciendo. Mi esposa al graduarse de Psicología posteriormente hizo un posgrado en Terapia Familiar por la Universidad Juárez del Estado de Durango y es muy buena terapeuta; mi hijo Alejandro se graduó en Ingeniería Ambiental y se fué a Alemania a hacer una Maestría en Ingeniería de Recursos Hídricos en el Instituto de Tecnología de Karlsruhe (KIT), a su regresó se contrató con la BFZ para hacer algunos proyectos en coparticipación del sector empresarial. A mi hija Tannia, le gustó la medicina desde pequeña, se graduó como Médico Cirujano por el Instituto Tecnológico de Monterrey y está terminando su Especialidad en Cirugía General.

Durante su estancia en Alemania, fuí a visitar a Alejandro y pasar unas vacaciones; llegando me enfermé de un problema respiratorio y naturalmente no llevaba en mi equipaje ningún medicamento. Al siguiente día iniciamos el "tour" que mi hijo tenía organizado, recuerdo, íbamos caminando por un andador y ví una botica naturista, le dije a mi hijo me acompañara para que me tradujera, salí con 2 frascos con destilados de plantas los cuales inicié a tomar y el problema respiratorio desapareció al segundo día, pensé mucho en esos medicamentos a tal grado que en la actualidad tengo una botica naturista con destilados de plantas con fines terapéuticos similar a la que ví en Alemania.

Algo que me sorprendió gratamente fué que en el tour visitamos Rostock, el sitio que me había llamado la atención en la enciclopedia; al llegar sentí como si me hubiera desconectado, con una gran paz, luego pasamos por la Universidad de Rostock. algo me decía que debíamos entrar, al ingreso tenía una sensación como si en otra época ya hubiera estado ahí; estando en la Universidad se percibía un olor muy peculiar como a edificio viejo y tal vez hasta el humor de tantos estudiantes que han pasado a través de distintas generaciones. Me sentí muy agusto de haber estado ahí'.

La Universidad de Rostock fué fundada en 1419 por el papa Martín V, es la Universidad más antigua del norte de Europa. La Universidad de Rostock cuenta en la actualidad con 8 facultades, a saber, Teología Evangélica, Filosofía, Literatura, Ciencias Naturales y Matemáticas, Derecho, Ingeniería, Agricultura y Medio Ambiente, Medicina y Ciencias Políticas y Sociales.

¿Recuerdan que les platicaba de mi problema de expresión oral?, pues gracias a mi esposa y a sus contactos de profesionales en psicología inicialmente me hizo cita con uno de sus contactos y asistí a la cita, recuerdo que trató de hacerme una hipnosis acostado sobre una mesa de madera pero la mesa era tan dura e incómoda que nunca pude concentrarme y por supuesto el resultado fué nulo, luego me hizo nueva cita cita con otro profesional y con él si pude trabajar muy bien y el problema se resolvió. Finalmente se me quitó ese problema que la verdad era algo desastroso. Ahora tengo mucha ganas de hablar en público, y de ser un buen orador, solo que la emoción me gana. Una vez en Cámara de Comercio Guadalajara al finalizar un Congreso Internacional sobre Medio Ambiente, estaba agradeciendo a los asistentes, a los organizadores y sobre todo a los patrocinadores ya que gracias a ellos había sido posible la organización del evento, recuerdo había más de 300 asistentes, el evento duró

3 días y los asistentes al parecer no se querían ir, estaba muy emocionado ya que el Congreso había sido muy exitoso, esta vez teníamos como país invitado a Alemania. Como Presidente del comité organizador me subí al escenario para agradecer, siempre mirando al frente, observando sus caras, veía a un público tan concentrado y tan emocionado con lo que les estaba diciendo, me impresionó ver que al mover mis manos tanto a la derecha como a la izquierda los asistentes hacían lo mismo con sus cabezas, luego llegué a pensar que no era yo quien estaba hablando, entonces se me fué haciendo un nudo en la garganta y poco a poco dejé de hablar ya no podía!, enseguida se me empezaron a salir las lágrimas y al voltear a ver al público, muchos de ellos también estaban llorando junto conmigo y de repente se dejó sentir el ruido de los aplausos, era un aplauso fuerte y prolongado, ¡vaya experiencia!, a partir de ahí quien me solicita le imparte una conferencia pero me indica que no

tienen presupuesto le pido que me paguen con aplausos pero que sean fuertes!.

Por mi parte, después de estar trabajando en temas relacionados con protección al ambiente llegué a pensar que toda esa prevención y control de la contaminación ambiental era muy importante para la protección de las poblaciones humanas expuestas a contaminantes y me hacía la pregunta, ¿Qué pasaba con los efectos de la contaminación en las poblaciones expuestas a contaminantes? y de esa manera se presentó la oportunidad de hacer un posgrado de Salud Ambiental en la Universidad de Harvard con beca por parte de la SEDESOL, participé en la convocatoria, pero lamentablemente no pude ingresar dado que mi nivel de inglés no alcanzó a cubrir la puntuación de examen TOEFL, motivo por el cual me metí a estudiar inglés de manera intensa, pero mi esfuerzo no fué suficiente ya que seguía sin pasarlo. Al tiempo ingresé al posgrado en Ciencias de la Salud Ambiental de la Universidad de Guadalajara, obteniendo el Grado de Maestro en Ciencias de la Salud Ambiental. No fue nada fácil, tuve bastante estrés ya que el nivel de exigencia de los profesores era muy alto. Tuve también grandes satisfacciones, ejemplo, puedo contar que cuando se hizo la reunión con los profesores del posgrado para revisar los proyectos de investigación de los alumnos; el único proyecto que cumplió con los requerimientos fué mío, titulado "Riesgos a la Salud por Exposición Crónica a Plaguicidas en Trabajadores Agrícolas de Nextipac, Jalisco, luego el Comité me preguntó que si ya tenía experiencia en investigación científica y les respondí que era la primer vez que hacía una investigación científica.

Como el estudio se iba a realizar en la Comunidad de Nextipac, Jalisco, México y en esa comunidad hay una planta de Monsanto recurrí a ellos para informarles de la investigación que se iba a realizar y por supuesto solicitar apoyo económico para la elaboración de los estudios clínicos, de

Colinesterasa Eritrocítica y de ADN Circulante de los trabajadores expuestos a plaguicidas que iban a participar en el estudio. Me informaron que no contaban con autorización para apoyar ese tipo de investigaciones pero que al concluir el estudio les hiciera una presentación con los resultados. Después de la presentación me solicitaron que les hiciera una propuesta para la Monitorización Biológica de los Trabajadores de Planta Nextipac Expuestos Crónicamente a Plaguicidas. Inicié con la Monitorización Biológica de los Trabajadores de la Planta Nextipac, luego en demás Plantas en México, estábamos en pláticas para también incluir Centroamérica, sin embargo se presentó la situación que al Director de Salud Ocupacional lo promovieron a otro puesto, su lugar quedó vacante y el Médico de Planta Nextipac me solicitó que lo acompañara a la entrevista con el Director de Recursos Humanos por si había alguna información que no tuviera al alcance, toda vez que él estaba interesado en esa posición; se llegó el día de la entrevista y ambos acudimos, le hicieron las tres primeras preguntas sobre la monitorización biológica y la salud de los trabajadores y ninguna contestó por la que me hacía señas con los ojos para que contestara, después las demás preguntas me los hizo directamente.

Al salir de la reunión me sentía satisfecho porque se contestó todo lo que el entrevistador quería saber; mí satisfacción no era igual para el médico ya que salió demasiado molesto y con palabras altisonantes me dijo que nunca se imaginó que estaba interesado en la posición que tenía su jefe, que me había lucido, etc., su razonamiento se me hizo extraño y le contesté que sí lo que decía era broma o era en serio?, contestó con una gran molestia que era en serio!. A partir de ese momento ya no me asignaron estudios y yo tuve que hacer una pausa y retirarme de Monsanto después del buen trabajo que se estaba haciendo con los trabajadores y sus familias. Después me enteré que le dieron el puesto solicitado pero solo duró seis meses en esa posición.

Por otra parte, pertenecía a la Sociedad Internacional de Epidemiología Ambiental y me invitaron a participar con la investigación citada al Segundo Congreso Internacional Iberoamericano en Coruña, España, fuimos al viaje mi esposa y yo, llegué a la sede, me presenté, me dieron las bases y me retiré, regresando al siguiente día a la exposición, la presentación era de 15 min. amonestando si se excede o termina antes del tiempo. En el Salón que me correspondió exponer había unas 10 personas, llegué, presenté mi investigación y me retiré a conocer la Ciudad con mi esposa.

Al concluir el Congreso asistí a la clausura y me llevé una grata sorpresa ya que mi investigación había ganado el primer lugar, se acercaron algunas personas a felicitarme entre ellos el Director de la Organización Panamericana de la Salud (OPS), quien me dijo que también había estado en mi presentación. El premio incluía apoyo para dar conferencias en los Países de Iberoamérica sobre cómo cuidar la salud de los trabajadores expuestos crónicamente a plaguicidas y los métodos de análisis para su detección y prevención ya que se hizo un aporte a la ciencia sobre el método de ADN Circulante para el diagnóstico de daño a nivel celular. Importante comentar que en este estudio participaron algunos investigadores del Centro de Investigaciones Biomédicas de Occidente del IMSS (CIBO). Sin embargo no pude participar en este ciclo de conferencias debido a que al regresar a Guadalajara la empresa tenía un déficit económico que era necesario investigar. Escribí un libro sobre el tema que sigue a la venta en Amazon y posteriormente un artículo científico denominado: Effect of chronic pesticide exposure in farm workers of a Mexico Community en colaboración con investigadores del CIBO, teniendo un buen número de citas por parte de la comunidad científica internacional.

Capítulo III.

Mensajes

En Guadalajara tenía una casa antigua por el Centro Histórico adaptada como oficina. En ese lugar hay varias librerías de compra venta de libros antiguos y varios bazares entre ellos el "Bazar del Judio" que estaba ubicado muy cerca de mi oficina, donde había una diversidad de objetos antiguos. Además muy cerca de ahí por Avenida México y Chapultepec se pone los domingos el "Tianguis del Trocadero", con una gran diversidad de productos y objetos antiguos. En estos sitios he encontrado una gran variedad de libros antiguos que tal pareciera que me los ponen a la vista para comprarlos y adquirir los aprendizajes contenidos en los mismos.
A lo largo de mi vida he tenido algunas experiencias que les voy a compartir:

Cuando mis hijos eran pequeños teníamos el plan de conocer algún lugar del país durante las vacaciones de Semana Santa haciendo ecoturismo y de esta forma conocimos varios lugares. Una vez veníamos de la Ciudad de México, llegamos a San Miguel de Allende, Gto. a comer y ahí se nos hizo tarde, salimos del lugar ya oscureciendo y al tomar el tramo libre de la Piedad Mich. para retomar la autopista a Guadalajara venía una camioneta de 3 tons., en sentido contrario, esto es, por el mismo carril por donde mi familia y yo íbamos conduciendo; le sonaba el claxon, le hacía cambio de luces y no podía salirme de la carretera para dejarlo pasar ya que la carretera era angosta y además estaba muy oscuro, solo pedía a los Maestros que nos protegieran, en ese momento de repente se elevó el auto, se hizo a un lado, tipo levitación y pasando la camioneta que venía en sentido contrario con 3 tipos en estado de ebriedad, de inmediato otra vez acomodaron nuestro auto por la carretera y lo único que se desprendió fué la fascia trasera, ya en una oportunidad con precaución paré el auto para quitar la fascia y guardarla; de repente apareció un anciano y nos preguntó como estábamos, le dije, bien, gracias, solo estoy quitando la fascia para guardarla y perseguir a los tipos para la reparación de los daños, el anciano respondió tajante, no!, sigue tu camino; al terminar de guardar la fascia busqué al anciano, el anciano desapareció y nosotros tomamos nuestro camino a Guadalajara.

Una noche al estar dormido se me apareció Buda, con prisa me decía que le pidiera 2 deseos, tenía que pensar muy rápido y le pedí: Salud y Sabiduría!.

Después, un Maestro, sin reconocer quién era, ingresó a mi habitación y me dijo "HERITAGE, HERITAGE", refiriéndose a algún tipo de herencia o legado que tal vez debería estar preparado para recibir. Importante comentar que basado en este mensaje fué como titulé este libro como " La Herencia" Más Allá de la Vida.

Luego tuve otro mensaje (los mensajes han sido a través de sueños), donde se me presentó una tierra de cultivo con surcos y en el bordo de cada surco había un escrito en un lenguaje de jeroglíficos simulando un gran libro, caminaba sobre esos surcos, todavía no he logrado interpretar su significado, sin embargo me parece algo similar que le pasó a Nicolas Flamel parisino del siglo XIV que fue escribano público y copista, además de dedicarse a la compra venta de libros antiguos.

Narra la historia que recibió un mensaje por un ángel que le decía que iba a llegar a sus manos un libro con jeroglíficos y que debía comprarlo, al poco tiempo en efecto, le llegó ese libro y lo compró procediendo a su traducción que tardó 21 años.

El libro de referencia se conoce como el Libro de las Figuras Jeroglíficas (Le Livre des figures hiéroglyphiques), conocido a veces como Libro de

Abraham el judío. Entre otros misterios estaba el descubrimiento de la Piedra Filosofal, desde entonces se convirtió en el alquimista francés por excelencia.

Tiempo después, en una ceremonia académica unos Maestros me otorgaron el grado de Doctor Honoris Causa, al hacérmelo saber supuse de inmediato se trataría de un Doctorado en el Área Medio Ambiente o Agricultura que eran las áreas profesionales a las que me dedicaba, sin embargo al efectuar el nombramiento se refirieron a un Doctorado en Psicología y al parecer era en la Universidad de Rostock, Alemania, (ese lugar que había visualizado en la enciclopedia), situación que desde luego agradecí pero que me dejó con muchas preguntas entre las cuales, porqué Psicología si no soy Psicólogo de formación. Al tiempo, al estar apoyando a algunas personas en su proceso de sanación emocional que luego derivan en enfermedades tuve las respuestas. Voy a hablar con honestidad, conozco muy poco de los procesos de terapia psicológica , toda vez que los procesos que he estado empleando en la sanación de algunas personas, obedecen a mensajes recibidos y libros antiguos que he leído.

Previamente los pacientes se magnetizan a través del Barril de Mesmer. Este artefacto de madera está cargado con los cuatro elementos de la naturaleza, aire, agua, tierra y fuego y quien lo inventó fué Franz Anton Mesmer. Nacido en Alemania, (1734-1815), fue un médico y filósofo alemán, descubrió lo que él llamó magnetismo animal y otros después llamaron Mesmerismo. La evolución de las ideas y prácticas de Mesmer hicieron que James Braid desarrollara la hipnosis en 1842. Después de estudiar en las Universidades Jesuitas de Dilinga e Ingolstadt estudió medicina en la Universidad de Viena en 1759. En 1766 publicó una tesis cuyo título en latín fue De Planetarum influxu in corpus humanum, el cual estudiaba la influencia de la luna y los planetas sobre el cuerpo humano y las enfermedades. En 1774 Mesmer usó un imán para producir una marea artificial en una paciente, Mesmer le hizo beber una preparación que contenía hierro y luego le sujetó imanes en varias partes de su cuerpo. La paciente dijo que percibía corriente de un fluido misterioso corriendo a través de su cuerpo y por varias horas se sintió aliviada de sus síntomas. Mesmer inicialmente creyó en los imanes como medio para equilibrar los humores de la paciente en cuestión y siguió practicando con ellos por mucho tiempo, logrando curaciones de diversas enfermedades o mejora de síntomas en otros. Conforme sus prácticas fueron evolucionando, Mesmer posteriormente no creyó que habían sido los imanes los que habían logrado la cura por sí mismos, sino que pensó que él mismo había contribuido al magnetismo animal que se había acumulado dentro de su cuerpo y que ahora él podía transmitir a sus pacientes. Pronto dejó de usar imanes como parte de su tratamiento y comenzó a hacer imposición de manos y otro tipo de terapias de "energía", dado que los efectos curativos seguían manifestándose, él creyó que el magnetismo animal que él poseía era lo que él realizaba, las curaciones. Mesmer se mudó a París, Arrendó un departamento en un lugar de la ciudad preferido por los ricos y poderosos, y estableció un consultorio médico. París pronto se dividió entre aquellos que pensaban que él era un charlatán que había sido forzado a huir de Viena y aquellos que pensaban que había hecho un gran descubrimiento. En sus primeros años en París, Mesmer intentó obtener la aprobación oficial de la Real Academia de Ciencias o de la Real Academia de Medicina para sus doctrinas, pero falló. Solo consiguió un discípulo, Charles d'Eslon, médico de elevada reputación profesional y social, no obstante a ésto en poco tiempo amplió su consulta creando "habitaciones de crisis" y, dado que tenía más pacientes de los que podía atender, instauró un procedimiento de terapia de grupo que llamó baquet (Barril de Mesmer), una especie de vasija diseñada siguiendo el modelo de un condensador eléctrico de unos 50 cm., de la que salía unas barras de hierro y cuerdas que comunicaban con los pacientes. Para aquellos que no podían pagar sus honorarios, Mesmer magnetiza un árbol en las proximidades de su casa. En 1779, con el estímulo de D'Eslon, Mesmer escribió un libro de 88 páginas: Mémoire sur la découverte du magnétisme animal (Memorias del descubrimiento del magnetismo animal), donde incluyó sus famosas 27 proposiciones. Estas proposiciones dieron una idea general de su teoría en aquel entonces.

De acuerdo con D'Eslon, Mesmer entendió la salud como el flujo libre del proceso de la vida a través de cientos de canales eléctricos que recorren el cuerpo humano. La enfermedad sería causada por los obstáculos a este flujo, superando aquellos obstáculos y restaurando el flujo se producía crisis que restauraban la salud. Cuando la naturaleza fallaba en hacer esto simultáneamente, el contacto con un conductor de magnetismo animal era necesario y un remedio suficiente.

Poco después tuve contacto con un gran personaje Bíblico, de hecho me impresionó demasiado, a tal grado que le pedí disculpas por no estar preparado para poder tener contacto con este Ser. En ese tiempo era muy cauteloso de cuidar mi salud mental y a decir verdad tuve miedo por bastante tiempo. Ahora, creo que superé la etapa del miedo y me siento preparado.

He tenido contacto con otro Ser Bíblico, David, su presencia tal como aparece en su escultura, no habiendo ninguna comunicación, fue solamente su imagen; no entendía cuál era su mensaje o que tenía que hacer?. Derivado del aprendizaje de algunos libros, empecé a hacer algunas pruebas de conexión con algunos contactos o algunas personas que creía me podían ayudar con este propósito. Fué así como desarrollé al "Reno", llamado así por su apodo. El proceso que inicié a utilizar era elevar su nivel de vibración para inducirlo a un nivel superior de conciencia y luego el protocolo de pedir permiso y la invocación con el Ser Divino, en este caso David. Ha sido así cómo he podido tener comunicación con David, donde me ha dicho que mi misión en la Tierra es la de Sanador de la naturaleza y de su población, le platicaba que ya me dedicaba a sanar la naturaleza a través de mi desarrollo profesional en la prevención y control de la contaminación ambiental pero dijo ahora falta ayudar a sanar a la población.

Tiempo atrás empecé a investigar en la elaboración de los ingredientes activos de las plantas a través de la destilación con fines terapéuticos y a través de David me contacté con Paracelso (1493-1541), considerado el "Padre de la Toxicología" porque fue el primero en entender que ciertos venenos administrados en pequeñas dosis podrían funcionar óptimamente como medicamentos. "Dosis sola

facit venenum" (la dosis hace al veneno), es una de sus frases más célebres y la máxima de esta disciplina.
Paracelso me ha recomendado algunas plantas para sanar enfermedades, así como la forma de potenciar sus efectos.

La Piedra Filosofal.

Pregunté a Paracelso acerca de la Piedra Filosofal, ya que la información que deriva de ella es que tiene propiedades mágicas para convertir los metales en oro. Paracelso me explicó que no era el indicado para platicarme sobre el tema pero que me iba a poner en contacto con Nicolás Flamel. Agradecí la oportunidad de ponerme en contacto.

Al invocar a Nicolás Flamel me encontré con un Ser de pocos amigos ya que contestó en una actitud arrogante respondiendo en tono fuerte, que quieres?, fue hasta que le empecé a platicar que

Paracelso me había recomendado para consultarlo y platicar sobre el tema de la Piedra Filosofal, dijo, ¿quién eres tú? para darte mi fórmula de la Piedra Filosofal?

Después de largas conversaciones finalmente me dijo la fórmula, para lo cual procedí a la compra de los materiales, así como también solicité por paquetería el horno para altas temperaturas para la fundición de los metales. Hice el pedido con su respectivo pago, luego la empresa de paquetería me contactó para decirme que dado el volumen del horno no me lo podrían enviar por paquetería, el pedido se canceló y me devolvieron su importe. Por lo anterior se hizo una pausa y no se dió continuidad a este proceso, ya que luego me ocupé de otros temas.

Retomando el tema con David y dada la frecuencia de las invocaciones me enseñó el poder de la sanación así como las formas; conforme iba teniendo comunicación, la plática se iba tornando más personalizada de tal manera que una vez para un cumpleaños que es el 29 de noviembre me dijo que me iba a hacer un regalo, le dije, de verdad?, contestó, ¡claro que sí!, solo debes salir a ver la luna a las 12 de la noche a un lugar despejado. Antes de la hora salí a observar la luna siguiendo sus instrucciones y observé una escena realmente maravillosa, había un objeto color rojo que antes de las 12 de la noche estaba cerca de la luna y a partir de esa hora empezó a girar a su alrededor, el espectáculo duró aprox. una hora, después se posicionó en el mismo lugar. Al siguiente día hice una invocación para agradecerle el regalo, preguntando porqué hacía eso, tuve respuesta. Como es un tema largo, éste será narrado en el próximo libro que tendrá como título "¿Quién Soy Yo?", Historia de una Vida Pasada.

Una vez pasando por el "Bazar del Judío" ví una máscara de Tutankamon que me llamó la atención, la compré pero por su peso, pensé en reforzar la argolla para colgarla y la tenía en el piso; al verla el "Reno" me dijo que si se la regalaba y le dije porque te la tengo que regalar si la compré para mí?. Estuvo insistiendo tanto que se la regalé para su cumpleaños. Luego me platicaba que contactaba a Tutankamón pero que necesitaba que le apoyara porque no sabía qué preguntarle, se notaba que el "Reno" tenía una buena identificación con Tutankamón. Al invocarlo a través del "Reno" con todo el protocolo de permisos y autorizaciones divinas logramos platicar con Tutankamón, se portó muy amable y nos preguntó que cómo podía ayudarnos, le dije que en la Tierra había poblaciones vulnerables que necesitan ayuda económica y que tenía conocimiento que había muchos tesoros ocultos que ya era tiempo de ser descubiertos y ayudar a todas esas poblaciones y a nosotros también para crear sistemas productivos que generen sostenibilidad a las familias, respondiendo; ya, ya!, creo que eres muy bondadoso. Dijo, está bien, voy a decirte de algunos tesoros muy importantes, al decir de los tesoros prácticamente todos estaban en Egipto, luego al terminar le dije, ¡no, no! Tutankamón, esos tesoros están muy lejos y ni forma de poder tener acceso, mejor platícanos de algunos tesoros que estén en México porque vivimos en México, dijo, está bien, y nos dijo de un acercamiento de un tesoro muy importante en el Cerro de la Mufa, en el Estado de Zacatecas   (puedo decirles que esa vez al terminar la sesión investigué algunas ubicaciones que dió y en tiempo actual siguen vigentes), continuando con la sesión le dije, correcto, ahora vamos teniendo un mejor acercamiento en Durango, respondió, en el Espinazo del Diablo, y cerca de donde tu vives, (Colonia Silvestre Dorador, Durango), muy cerca de ahí hay un Cerro de Piedra, ahí hay una vetas muy importantes de oro, dije sí, ese cerro lo conozco. Al tiempo estando en Durango, en la Casa de la Colonia Silvestre Dorador, como está en una Privada, generalmente ocupaba a una persona para que cada semana fuera a hacer limpieza a la Privada y cortara el pasto, esa persona un día llevaba unas piedras en un balde, le pregunté que esas piedras de dónde eran y me dijo son de una veta del Cerro pero nadie sabe que existen, le dije ah que bien!.

Después de mi jubilación, hice el cambio de mi oficina a Durango con la idea de seguir trabajando con el pensamiento y la acción apoyando a las personas para que tuvieran una alternativa para su sanación. De esta manera fundé la Asociación Civil Fundación R, Payán, Ambiente y Salud.
En la Fundación manejamos un área de protección al ambiente y otra relacionada con la salud a través de la elaboración y venta de productos derivados de la Fitoterapia con fines terapéuticos, además de la "Terapia de Mesmer" llamada así para referirse a su inventor Anton Mesmer.

La mayoría de los pacientes son sanados, excepto aquellos que derivado de su impresión en los hallazgos que encuentran en la memoria de su mente subconsciente ya no regresan a consulta, pero es mínima parte. Puedo decirles que he ayudado a sanar varios problemas entre la población con gran éxito. Algo importante es que desde que estaba en la Universidad de Guadalajara estudiando la Maestría en Ciencias de la Salud Ambiental me identifiqué con el método científico referente a "causa-efecto", y a partir de ahí para ayudar a sanar un efecto también se debe investigar la causa. Esta asociación ha dado buenos resultados a los pacientes ya que detrás de cada efecto hay una causa que hay que investigar para que el paciente pueda realmente sanar.

Capítulo IV.

Casos de Sanaciones.

A continuación voy a describir algunos casos de personas que he ayudado a sanar, a decir, he ayudado porque solo soy el guía , el paciente es el que hace todo el trabajo.

El método de sanación incluye 3 etapas:

La terapia se concreta en aprox. de 8 a 10 sesiones, el sistema de sanación incluye 3 etapas:
Primera etapa. Entrevista con el paciente y lo que refiere su mente consciente en torno a la problemática presentada.
Segunda etapa. Elevar el nivel de vibración del paciente y a través de hipnosis tener acceso a las memorias de la mente subconsciente involucradas en el desarrollo del conflicto emocional.

Tercera etapa. Sanación en mente subconsciente.
Previo al inicio de cada sesión el paciente se magnetiza en el "Barril de Mesmer".

Caso 1.

Adicciones

Persona masculino de 30 años.
Motivo de consulta: adicciones.
En la entrevista platiqué, le dije que una de las características más importantes para proceder a su sanación era que él quisiera . Al tener su afirmación inicié por platicarle el método de sanación que se utilizaba.

1. Parte. En terapia con el paciente, en relación a su mente consciente refería tristeza y coraje con la madre por el fallecimiento de su padre. Su padre había fallecido cuando tenía 5 años

de edad y estaba enojado con la madre porque escuchaba que estaba involucrada en el deceso.
2. Parte. A través de una regresión quiso ver sus memorias a los 3, 5 y 7 años; a la edad de 3 años recordó que estaba en su festejo de cumpleaños de 3 años en compañía de su familia, excepto su padre ya que estaba trabajando; reflejaba el miedo que le tenía a una persona masculina que estaba en el convivio familiar que no recordó quién era, también vió y escuchó a esa persona con su madre discutiendo en la cocina de la casa. En otra sesión vió las memorias de los 5 años; estaba en un lugar con muchas cruces y gente llorando, se sentía muy triste y desorientado dado que no sabía lo que pasaba. Asimismo, veía una sombra negra que se le quería subir, se le daban indicaciones que se alejara pero seguía ahí hasta que se le subió, se le daba indicaciones para soltar la sombra y el

paciente haciendo un esfuerzo extraordinario para detener la sombra no permitía que esa sombra se alejara de él. Fué un momento de confusión de mi parte ya que no sabía qué es lo que estaba pasando, me llamó la atención que no quería soltarla, apretando sus manos con fuerza a la sombra, no permitiendo que se alejara, finalmente el paciente después de una gran esfuerzo por detenerla, la soltó. En la siguiente sesión que reflejaba sus memorias cuando tenía 7 años, la sombra de nuevo lo seguía. En esa etapa pudimos concluir que la sombra negra que lo perseguía le causaba miedo y se trataba de todas las emociones atrapadas de tristeza, soledad, angustia, etc., derivadas por el fallecimiento de su padre. El paciente inició a consumir droga desde los 14 años a la fecha derivado de la sombra negra.

3. Parte. Al identificar las memorias grabadas en su mente subconsciente procedimos a su sanación. El paciente quedó sanado.

Caso 2

Caso de Depresión Crónica e Inseguridad.

Me encontré con una persona, masculino de 45 años que se dedicaba al oficio de limpiar calzado en una plaza, al ver su aspecto físico le dije que le daba parecido a un Director que tuve cuando trabajaba en una empresa transnacional y me empezó a narrar que había estudiado en el Seminario, no pudo ingresar al Seminario Mayor debido a que lo expulsaron porque una vez se fué de escapada a una fiesta con la novia, luego ingresó a la Escuela de Derecho, tenía mucha inseguridad ya que al estar haciendo sus prácticas profesionales se percató que no tenía el perfil para ser abogado incluso comentaba que también estudió algunos semestres de Psicología pero no terminó. Se sentía seguro boleando calzado al igual que su padre. Tenía crisis depresiva y desde hace más de 20 años pertenecía a un grupo de AA aunque no era alcohólico. Le pregunté si estaba interesado en sanar y soltó el llanto, para agradecer la invitación. Refirió que siempre había tenido miedo e inseguridad y esto le provocaba depresión por lo que era consultado y medicado por el Psiquiatra.

Como podrán observar, al momento de estar boleando mi calzado prácticamente estábamos iniciando con la primera parte de la terapia.

2 Parte. Narraba que cuando estaba en el Seminario se sentía feliz y contento, incluso le gustaban las fiestas y bailar. Cuando salió del Seminario se reunió con otros dos amigos de su barrio para dar serenatas. Un día se reunieron poco antes de tiempo para dar serenata y empezaron a tomar bebidas alcohólicas particularmente vino de membrillo que es una bebida muy azucarada teniendo la

particularidad que cuando estas quieto o sentado no se percibe sino hasta que te pones de pie se empieza a sentir lo ebrio, de esta forma perdió el conocimiento, despertó cuando ya estaba en su casa con una fuerte molestia derivada de un abuso. Como estaba alcoholizado no registró el evento en su mente consciente y quedó registrado en la memoria de su mente subconsciente que le hizo perder la seguridad y entrar a un estado depresivo crónico. Al hacerse consciente de las memorias guardadas en el subconsciente empezó a sanar. Después vino la sanación en estado subconsciente, así como el perdón a los amigos y a él mismo.

Caso 3

Tristeza y llanto

Mujer de 45 años casada, con 3 hijos.
Motivo de Consulta: Tristeza y llanto.

1. Parte. En la entrevista refería siempre estar triste y a veces ganas de llorar sin motivo; no asociaba ningún evento para provocar el estado emocional.

2. Parte. En las memorias de su mente subconsciente encontró que en otra etapa era un niño huérfano desprotegido, que estaba sin alimento y vivía en las calles.

   De igual manera encontró otras memorias de una mujer que se encontraba en peligro en zona de guerra.

3. Parte. Sanación. La paciente me sorprendió porque sin darle previamente ninguna recomendación fué por el niño desprotegido y lo llevó a un Centro de Atención y Cuidados a los Niños, ingresados para su custodia y protección.

   Respecto a la mujer que se encontraba en peligro fué a rescatarla a través de un organismo internacional de ayuda humanitaria y la puso a salvo.

Vino la sanación, eliminando las memorias de tristeza que el paciente refería, derivados de los eventos ya mencionados.

Caso 4

Violencia de Género

Persona, masculino de 32 años
Tema de consulta: Violencia de Género

1. Parte. El paciente refiere que desconoce la causa por la que después de tener intimidad con su mujer, tenía intención de ejercer maltrato y otras veces lo ejercía. Razón por la que su esposa se alejó. Tiempo después

consiguió otra pareja y el escenario se seguía repitiendo.

Sigue refiriendo que siendo un niño de 6 años entra al cuarto de su hermana y la encuentra desnuda y llorando en compañía de un amigo de su madre, también desnudo. Enseguida el amigo de la madre se lleva al niño a otro cuarto y lo abraza para calmar su llanto. El paciente siempre pensó que al igual que la hermana, él también había sido abusado y ese suceso le provocaba la violencia de género que ejercía.

2. Parte. Al entrar en contacto con las memorias de su mente subconsciente se da cuenta que no fué abusado y que el haberlo llevado a otro cuarto fué para calmar su llanto.
3. Parte. A través de hipnosis se desgravaron las memorias que tenía grabadas con esa idea y el paciente sanó.

Al terminar la sesión, el paciente se desbordó en risa y alegría. Tiempo después regresó para agradecer y platicarme que había regresado con su esposa y madre de sus 2 hijos y que llevaban una vida saludable.

Antes de cerrar este manuscrito previo a su publicación, quiero externar que el conocimiento es para compartirse entre la población universal.

Gracias!

Por el tiempo que emplearon en la lectura de este libro. Me pongo a sus órdenes:

Contacto:

Fundación R. Payán, Ambiente y Salud, A.C.
E-mail: funrpayan59@gmail.com

Made in the USA
Columbia, SC
12 December 2024